NIMM eine POSITIVE Denkweise an

EIN LEITFADEN FÜR WEIBLICHES WOHLBEFINDEN UND EINE POSITIVE LEBENSEINSTELLUNG

NINA MADSEN

Special Art Development

Nimm eine positive Denkweise an

Ein Leitfaden für weibliches Wohlbefinden und eine positive Lebenseinstellung

Nina Madsen

Taschenbuch ISBN: 979-12-5553-028-2
support@specialartbooks.com
www.specialartbooks.com

Inhaltsübersicht

Das Leben hat seine Höhen und Tiefen, und manchmal kann es sich anfühlen, als würden wir ganz allein auf einer Achterbahn fahren. Die Höhen sind wunderbar, sie geben uns ein gutes Gefühl und erinnern uns daran, warum wir hier sind, aber dann können die Tiefen diese glücklichen Gedanken zunichte machen. In den schlechten Zeiten fühlen wir uns unsicher und ungewiss. Wir beginnen uns zu fragen, ob wir wissen, wohin wir gehen. Sind wir auf dem richtigen Weg? Wissen wir, wer wir als Person sind?

Aber das Leben wird immer Höhen und Tiefen haben, aber deine Gefühle für das Leben und deine Gefühle für dich selbst müssen nicht diesem Muster von Höhen und Tiefen folgen. Du kannst stark bleiben und alles genießen, was das Leben zu bieten hat. Und du kannst dich auch an all dem erfreuen, was du der Welt zu geben hast, selbst in diesen schlechten Zeiten.

Aber wie? Die Phase im Leben zu erreichen, in der du es zu schätzen weißt, dass du sogar den Sturm überstehst, kann durch positives Denken geschehen. Ich weiß, dass der Begriff "positives Denken" ein wenig vage sein kann. Der Begriff erweckt oft den Anschein, als sei es so einfach oder als würde es sofort alles verändern, wenn man nur an gute Dinge denkt. Aber hör noch nicht auf zu lesen.

Das ist nicht der Fall. Beim positiven Denken geht es zwar darum, positiv zu denken, aber es geht auch darum, dein Leben so zu verändern, dass du dich voll und ganz auf das Positive konzentrierst. Anstatt sich auf die Dunkelheit und den Stress harter Zeiten zu konzentrieren, schau lieber nach vorne auf die Glückseligkeit der guten Zeiten!

Das wird dir nicht nur dabei helfen, die schweren Zeiten zu überstehen, sondern es wird dir auch mehr Selbstvertrauen, Liebe und Wertschätzung für dich selbst geben. Das ist ein Grund zum Feiern.

In diesem Buch erfährst du, wie du deine Perspektiven ändern kannst, indem du deine berufliche Laufbahn veränderst. Du wirst entdecken, wie du deine Stärke feiern kannst, indem du dir Zeit für dich selbst

nimmst, und wie du deine Energie auflädst, indem du dich nährst. Und du wirst auch das Geheimnis lüften, wie du deine Beharrlichkeit und dich selbst lieben kannst, indem du deine Kreativität entfachst und dir selbst etwas Dankbarkeit entgegenbringst.

Positives Denken und eine positive Einstellung zum Leben stecken in diesem Buch, und zwar direkt in deiner Hand. Aber alles beginnt mit dir. Wenn du dich selbst liebst, wirst du die Welt und dein Leben auf eine ganz neue Weise betrachten können.

Teil eins: Ändere deinen Blickwinkel

Kapitel eins

Verändere deinen Karrierepfad

> **Gib Licht und die Menschen werden den Weg finden.**
> —*Ella Baker*

Eine erfüllende Karriere und einen Job zu haben, den man liebt, ist ein Geschenk, das jeder haben sollte. Vielleicht liest du dies gerade, während du deine Pause auf der Arbeit genießt, oder du entspannst dich nach einem stressigen Tag, an dem du immer wieder das Gleiche getan hast. Du kannst Tausende von Stunden damit verbringen, eine Karriere zu verwirklichen, aber ist es wirklich die Karriere, die du willst? Eines der größten Hindernisse für positives Denken ist ein Karriereweg, der nirgendwo hinführt oder zumindest nicht in die Richtung, die Sie sich wünschen.

Stress auf der Arbeit kann dein Denken beherrschen und alle anderen positiven Dinge in deinem Leben übertönen. Die Karriere sollte zwar nicht alles sein, aber sie ist ein Teil unseres Gesamtbildes. Mit ihr verdienen wir Geld, und hoffentlich bietet sie Ihnen die Möglichkeit, sich selbst herauszufordern und als Person zu wachsen.

Was auch immer der Grund für deine derzeitige berufliche Laufbahn ist, wenn es dir schwerfällt, an die positiven Seiten der Zukunft zu denken, ist es vielleicht an der Zeit für eine Veränderung.

SETZE ES IN DIE PRAXIS UM

Nimm dir etwas Zeit, um über deine derzeitige Karriere nachzudenken. Ich verwende das Wort "Karriere" für jede Art von Beruf. Vom Anwalt bis zur Kellnerin, jede Karriere hat ihre eigene Form und Berechtigung. Wenn es sich um einen Job handelt, mit dem du den Großteil deines Einkommens verdienst, dann fällt er unter die Kategorie Karriere.

Stell dir ein paar Fragen zu deinem Beruf, zum Beispiel:

- Welchen Nutzen bringt mir mein Job? Vielleicht ist er ein Ort, an dem ich kreativ sein kann, ein sicherer Ort, an dem ich neue Dinge lernen kann, oder er bietet einen guten Zugang zu Ressourcen.

....

....

- Wenn ich meinen Job nicht liebe, gibt es trotzdem Möglichkeiten, wie ich von ihm profitieren kann?

....

....

- Hat sich mein Beruf negativ auf mich ausgewirkt? Und wie?

  ....

  ....

- Brauche ich einen kompletten Karrierewechsel, um mein Glück und meine positive Lebenseinstellung zu verbessern?

  ....

  ....

- Welche Möglichkeiten gibt es für mich?

  ....

  ....

- Was sind meine allgemeinen Ziele in diesem Beruf?

  ....

  ....

KREATIVE ÜBUNG

Entwirf (oder finde) ein Symbol, das dein Berufsfeld repräsentiert. Das kann alles sein, von der Kochmütze bis zur Aktentasche. Stelle es dir als Symbol für Macht und Stärke vor, das dir hilft, deine Ziele zu erreichen.

Bei der Gestaltung solltest du dir überlegen, wie du dein symbolisches Bild verändern möchtest, wenn sich dein beruflicher Werdegang ändert. Vielleicht verwandelt sich die Kochmütze in eine Polizeimütze, zum Beispiel. Oder die Schürze einer Kellnerin wird zum Namensschild einer Bankkauffrau.

Wie auch immer du dich entscheidest, dieses Bild ist ein Bild der Macht in dem Bereich, den du entworfen hast. Je stärker du dich in dem von dir gewählten Beruf fühlst, desto positiver wirst du das Leben sehen.

Fazit

Manchmal sind wir so unzufrieden mit unserem Job, dass wir einfach nur noch raus wollen. Nimm dir etwas Zeit, um nach innen zu schauen. Vielleicht gibt es in deinem Beruf positive Dinge, die dich ermutigen können, weiterzumachen.

Diese positiven Eigenschaften können dir sogar helfen, deine Träume und Ziele zu verfolgen!

Kapitel zwei

Sei deine eigene DJane

Musik aller Genres hat Macht. Das Hören deines Lieblingssongs kann deinen Tag innerhalb weniger Sekunden von schlecht zu schön verwandeln. Das Hören von Musik, vor allem von Musik, die wir lieben, kann uns helfen, aus unserem eigenen Kopf herauszukommen und einfach zu lernen, den gegenwärtigen Moment zu genießen. In diesem ganzen Buch geht es darum, sich dem Licht und dem Positiven zuzuwenden, und Musik kann uns dabei helfen. Musik wirkt wie ein magischer Schlüssel, dem sich auch die am stärksten verschlossenen Herzen öffnen.

–Maria von Trapp

Die richtige Melodie kann dir helfen, dich zu entspannen, deinen Stress loszulassen, mitzutanzen oder laut zu singen. Für diese Übung möchte ich, dass du deine eigene DJane bist. Mach Musik zu einem Schwerpunkt in deinem Leben und lass sie für dich eine Zuflucht sein, wenn du eine schwere Zeit durchmachst.

SETZE ES IN DIE PRAXIS UM

Nimm dir ein wenig Zeit, um darüber nachzudenken, welche Lieder deine Lieblingssongs sind. Erstelle eine Liste und schreibe sie in dein Journal. Schreibe auf, warum jedes dieser Lieder für dich wichtig ist und was es mit dieser Zeit in deinem Leben zu tun hat.

- Wie hast du dich dabei gefühlt?

....

....

- Hat das Lied dir geholfen, schwierige Zeiten zu überstehen?

....

....

- Hat es dich ermutigt und inspiriert?

....

....

- Und warum?

....

....

Dann beginne damit, jeden Tag Musik zu hören, egal ob es deine Lieblingssongs sind oder eine Mischung aus zufälligen neuen Songs. Bring mehr Musik in dein Leben, wann immer du einen Ruck brauchst. Lass sie laufen, während du mit deiner Familie das Abendessen zubereitest, am Morgen, oder während du ein Bad

nimmst. Sieh die Musik als Fluchtmöglichkeit und sicheren Rückzugsort. Ein Wegweiser, der dir hilft, die schönen Dinge des Lebens zu sehen.

KREATIVE ÜBUNG

Stell eine tolle Playlist mit deinen Lieblingssongs zusammen! Du kannst deine Lieblingsapp verwenden, um deine Songs zusammenzutragen und zu organisieren. Bring sie in eine Reihenfolge, die sich für dich richtig anfühlt. Ich ermutige dich, mehrere Playlists zu erstellen, die zu bestimmten Stimmungen oder Situationen passen. Du könntest eine Wiedergabeliste für einen anstrengenden Arbeitstag, eine Playlist zum Entspannen und eine Playlist zum Trainieren erstellen.

Fazit

Musik kann jede Seele besänftigen, und da das Leben so chaotisch ist, warum sollte sie nicht auch deine Seele beruhigen? Lass sie zu einem Teil deines Leben; nutzen sie zu deinem eigenen Vorteil, und lass sie dir helfen immer wieder nach oben zu schauen.

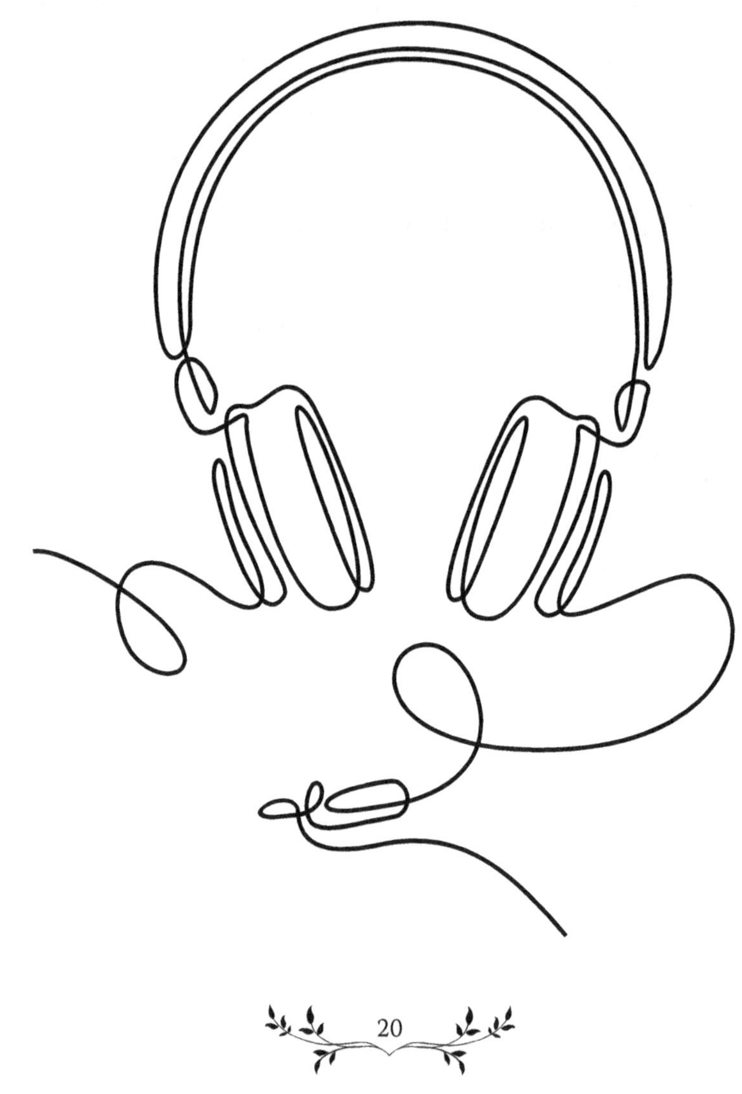

Kapitel drei

Überdenke deine Vorbilder

Wir sind das, was wir bewundern. Zu wem wir aufschauen, verrät viel über uns, und manchmal, ohne es zu wissen, richten wir das Rampenlicht auf die falsche Person. All diese nach außen gerichtete Aufmerksamkeit kann uns schnell von unserer eigenen Kraft ablenken und uns vergessen lassen, uns selbst zu ehren.

Um eine positive Lebenseinstellung zu bewahren, ist es hilfreich, zu prüfen, was uns wirklich wichtig ist und wen wir bewundern. Wenn du daran arbeitest, deine Einstellung zu ändern, ist es gut, dich selbst und das, woran du glaubst, zu hinterfragen.

Es ist an der Zeit, sich mit den Ideen rund um dein Vorbild auseinanderzusetzen und einen tieferen Blick darauf zu werfen.

SETZE ES IN DIE PRAXIS UM

Finde heraus, wer für dich ein Vorbild in deinem Leben ist. Das können mehrere Personen sein, aber fangen wir der Einfachheit halber mit einer an. Während du über diese Person nachdenkst, frage dich:

- Was ist es, das ich an dieser Person bewundere?

....

....

- Wann habe ich angefangen, sie als Vorbild zu betrachten?

....

....

- Was hat sie mir durch ihre Handlungen/Worte gezeigt?

....

....

Schreib sieben Eigenschaften und Qualitäten auf, die du bewunderst. Das kann ihr Selbstvertrauen, ihr Charisma oder ihre natürliche Anmut sein.

Sobald du diese Eigenschaften notiert hast, überlege, welche Eigenschaften du mit dieser Person teilst. Oder vielleicht auch, welche Eigenschaften du wegen dieser Person gerne verbessern würdest. Vergiss nicht, dass du nicht versuchst, diese Person zu kopieren, sondern dass du eine Verbindung zu deinem besten Selbst finden willst.

Neben jeder Eigenschaft notierst du zwei Maßnahmen, die du ergreifen kannst, um bei der Aneignung dieser Eigenschaft Fortschritte zu machen.

Die Maßnahmen könnten etwas sein, das dich aus deiner Komfortzone herausführt, wie z. B. Freiwilligenarbeit, Auftritte oder mehr soziale Kontakte. Wenn du fertig bist, hast du eine vollständige Liste mit dem, was du sein möchtest und wie du es erreichen kannst! Das nenne ich positives Denken.

Hinweis: Nachdem du über dein Vorbild nachgedacht hast, stellst du vielleicht fest, dass sie/er eigentlich gar kein Vorbild ist. Das ist in Ordnung, und das bedeutet nicht, dass du schlecht oder falsch bist. Aber du könntest darüber nachdenken, dich von diesem Vorbild zu trennen und jemand anderen zu finden, dessen Eigenschaften wirklich bewundernswert sind.

KREATIVE ÜBUNG

Zeichne oder suche ein Porträt der Person, die du bewunderst. Ergänze deine Zeichnung mit Bildern oder schreibe Eigenschaften und Merkmale auf, die du bewunderst und die du nachahmen möchtest.

Fazit

Vorbilder helfen dir, dich zu konzentrieren und deinem Leben eine Richtung zu geben. Sie können dir helfen, dich selbst auf eine neue Art und Weise zu verstehen, wenn du jemanden bewunderst, weil sie dir zeigen, welche Eigenschaften du entwickeln kannst. Jetzt kannst du direkt sehen, wie du dich weiterentwickeln kannst. Prost auf Fortschritt und Wachstum!

Kapitel vier

Rückblick auf eine negative Erinnerung

> Jeder hat eine Geschichte zu erzählen.
> Jeder ist ein Schriftsteller, einige werden in
> Büchern geschrieben, andere sind in den
> Herzen verankert.
> —*Savi Sharma*

Leider gibt es so viele Hindernisse für unser Glück. Die Fähigkeit unseres Geistes, sich auf die guten Dinge im Leben zu konzentrieren, wird immer wieder in Frage gestellt. Eines dieser Hürden sind negative Erinnerungen, an denen wir einfach festhalten.

Damit bist du nicht allein. Wir alle kämpfen damit, die schlimmsten Momente aus unserer Vergangenheit

loszulassen. Vielleicht hat uns jemand Unrecht getan und wir haben ihm nie wirklich verziehen.

Oder wir haben etwas Demütigendes erlebt, das uns verletzt hat. Manche von uns haben jemand anderem wehgetan und können sich selbst nicht verzeihen.

Was auch immer diese negative Erinnerung ist, sie hat Macht über uns. Wenn wir Negativität in uns festhalten, anstatt sie loszulassen, vergiften wir uns mit schlechter Energie und stürzen uns in einen dunklen Zustand, wenn wir Licht brauchen.

Um deine Sichtweise zu ändern, ist es an der Zeit, einen Schritt zu tun, mutig zu sein und eine negative Erinnerung noch einmal durchzugehen.

SETZE SIE IN DIE PRAXIS UM

Schreib eine Erinnerung auf, an der du schon lange festhältst. Wenn du viele Traumata aus der Vergangenheit hast, ist es vielleicht einfacher, mit etwas Kleinem anzufangen. Nachdem du eine negative Erinnerung gefunden hast, die sich in deinem Unterbewusstsein festgesetzt hat, schreibe jedes Detail auf. Lass nichts aus.

Das Aufschreiben kann sehr befreiend wirken und dir helfen, schlechte Energie loszulassen. Aber um das Beste daraus zu machen, solltest du dir diese Fragen stellen, während du deine Erinnerung aufschreibst.

- Was geschah zu dieser Zeit noch in deinem Leben?

  ....

  ....

- Wie hast du dich damals gefühlt?

  ....

  ....

- Was hast du gelernt, nachdem das alles vorbei war?

  ....

  ....

- Hat dieser Moment in deinem Leben zu irgendwelchen größeren Veränderungen geführt (diese können innerlich oder äußerlich sein)?

  ....

  ....

- Stell dir vor, dass jemand anderes dies miterlebt hat. Kannst du dir das Geschehen aus der Sicht einer anderen Person vorstellen?

  ....

  ....

- Wie könnte das aussehen, und wie könnte deren Perspektive auf die Situation sein?

  ....

  ....

Sobald du die Antworten auf diese Fragen hast, nimm dir einen Moment Zeit, um dir die Erinnerung oder die Situation auf eine neue Weise vorzustellen. Erzähle die Geschichte aus einer neuen Perspektive neu. Beobachte, wie du dich dabei fühlst, wenn du fertig bist. Kannst du noch mehr wertvolle Lehren aus dieser Erinnerung ziehen?

KREATIVE ÜBUNG

Auf einem gesonderten Blatt zeichnest du ein Bild, das diese nacherzählte Erinnerung und die positiven Lektionen, die du aus dieser Erfahrung gelernt hast, darstellt. Dieses Bild hängst du irgendwo auf, wo du es oft sehen kannst. Das Bild kann dir helfen, den negativen Einfluss dieser schlechten Erinnerung auf dein Leben aufzuheben und dich daran zu erinnern, dass die Perspektive alles verändert.

Fazit

Unsere Sichtweise auf das Leben kann durch die negativen Erfahrungen in unserem Leben beeinträchtigt werden, vor allem, wenn wir sie nicht aufarbeiten und schließlich loslassen. Um an deiner Sichtweise zu arbeiten, solltest du dir eine schlechte Erinnerung noch einmal vor Augen führen und sehen, ob du sie nicht auf eine neue Art und Weise sehen kannst.

Vielleicht kannst du sogar jemanden außerhalb der Erinnerung bitten, dir zu helfen. Das kann ein Ratgeber, ein Freund oder ein Familienmitglied sein. Frag sie nach ihrer Sichtweise, wenn du nur eine kleine Starthilfe brauchst, um eine schlechte Erinnerung in eine zu verwandeln, aus der du etwas gelernt hast.

Teil zwei: Feier deine Stärke

Kapitel fünf

Liebe die Zeit mit dir selbst

> Freundlichkeit ist immer in Mode und
> immer willkommen.
> –Amelia Barr

Zum positiven Denken gehört auch, dass du dir die Zeit nimmst, deine besonderen Stärken zu feiern. Es ist wichtig, dass du dich an deinen Stärken freust und daran, wer du als Person bist. Von uns Frauen hört man oft, dass wir zu egoistisch sind, wenn wir Zeit allein verbringen wollen, oder dass wir uns nur um uns selbst kümmern, wenn wir uns eine Auszeit vom Tag nehmen wollen, um etwas nur für uns zu tun.

Ich möchte mit dieser Lüge aufräumen und dir eine neue Wahrheit vermitteln: Sich selbst zu lieben bedeutet, sich um sich selbst zu kümmern.

Du kannst dich um sich selbst kümmern und feiern, wer du bist und was du zu geben haben, indem du dich um dich kümmerst. Wenn du dir selbst Liebe schenkst, hast du der Welt mehr zu geben.

Glaub mir, du wirst immer eine Ausrede finden, warum du dir keinen Tag für dich nehmen kannst. Da ist die Arbeit, das Haus, die Kinder... die Liste ist endlos. Deshalb musst du Zeit für dich allein einplanen und dazu stehen, komme was wolle. Es ist unglaublich gesund, Zeit allein zu verbringen. Es baut Stress ab, hilft, den Lärm in Ihrem Kopf zu beruhigen, und verjüngt Sie wie nichts anderes.

Was du tun musst, ist, dich auf das zu konzentrieren, was du nur für dich selbst tust und was dir Freude macht.

SETZE ES IN DIE PRAXIS UM

Es ist so wichtig, eine positive Einstellung zum Leben zu haben, wenn man freundlich zu sich selbst ist. Leider vergisst man allzu leicht, was alle anderen brauchen, und konzentriert sich auf sich selbst und sein Vergnügen. Um sich selbst zu inspirieren, einen Tag frei zu nehmen, kannst du eine Liste mit all den

Dingen erstellen, die du in deinem Leben tust und die nur für dich sind.

Vielleicht liest du morgens gerne, oder du gehst einmal im Monat zum Friseur und lässt dir die Nägel machen. Vielleicht gibt es einen Wanderweg, den du allein ausprobieren möchtest, oder ein Café, in dem du ein paar Stunden sitzen möchtest. Wenn dir im Moment noch nichts einfällt, atme tief durch und entspanne dich.

Schreib dir in den Notizzettel, dass du dich ab jetzt auf Aktivitäten konzentrieren willst, die auf dich und nicht auf andere ausgerichtet sind. Du hast es verdient, dir selbst Raum zu geben, so wie du auch anderen in deinem Leben Raum gibst.

Sobald du deine Liste erstellt hast, schau, ob du fünf weitere Dinge hinzufügen kannst. Dabei solltest du darauf achten, dass es sich um Aktivitäten handelt, auf die du Lust hast, und nicht um Besorgungen oder etwas, das du für deine Kinder oder einen Freund erledigst.

Dies ist deine Chance, dich voll und ganz deinen Interessen zu widmen. Das kann Yoga, Tagebuchschreiben, Meditation usw. sein. Jetzt trage ein Datum ein, an dem du eine der Aktivitäten auf deiner Liste durchführen wirst. Nur du mit dir selbst, nur für dich allein, um zu feiern, wer du bist und was deine Stärken sind.

KREATIVE ÜBUNG

Mal ein Bild von dir, wie du etwas tust, das nur für dich ist. Ich möchte dich herausfordern, schlecht zu zeichnen. Anstatt dich perfekt zu zeichnen, skizziere eine unordentliche Version von dir, wie du etwas tust, das du liebst. Dies ist ein Bild der Kraft; der Kraft, sich selbst zu lieben und sich den Raum zu geben, den du verdienst.

Fazit

Lieb dich selbst und feiere dich selbst, indem du dir Zeit für dich selbst nimmst. Es gibt keine bessere Art und Weise, sich selbst zu sagen: "Ich liebe dich", als etwas Zeit mit allein zu verbringen und etwas zu tun, das dir Spaß macht. Das Alleinsein bringt dir auch Selbstvertrauen, Ruhe und Kraft.

Kapitel sechs

Tritt für dich selbst ein

> Tritt in die neue Geschichte ein, die du
> zu erschaffen bereit bist.
> —Oprah Winfrey

Heute ist der Tag, an dem du anfängst, für dich selbst, deine Wünsche und deine Bedürfnisse einzutreten. So viele Frauen neigen dazu, sich im Leben ins Abseits zu stellen, obwohl wir eigentlich im Mittelpunkt stehen müssten. Es ist einfacher, sich aus schwierigen Situationen herauszuhalten, als zu kämpfen, weil uns dann niemand ansieht, uns beurteilt oder sich wehrt.

Das führt dazu, dass wir Dinge durchgehen lassen, die definitiv nicht in Ordnung sind. Vielleicht ignorierst du eine Beleidigung an jemanden, den du liebst, oder an selbst. Vielleicht hat jemand eine Unterstellung aufgestellt, die du einfach nicht nachvollziehen

kannst. Oder vielleicht versucht jemand, dich auszunutzen, und es ist an der Zeit, sich zu wehren.

Verteidige dich selbst. Jeder verdient es, sich sicher, glücklich und geliebt zu fühlen. Warum sollten wir uns von anderen überrumpeln lassen, wenn wir unsere innere Stärke nutzen können, um Grenzen zu ziehen? Diese klaren Grenzen sind eine Möglichkeit, den Menschen zu zeigen, was du tolerierst und was nicht.

Wenn du aufhörst, Angst zu haben, für dich selbst einzustehen und zu sagen, was du brauchst, zeigst du dir selbst Stärke, Mut und Liebe. Scheue dich nicht, für dich selbst einzutreten, wenn die Zeit reif ist.

SETZE ES IN DIE PRAXIS UM

Mach eine Liste mit Dingen, Worten oder Handlungen von Menschen, die dir unbehaglich sind. Hat ein Freund einen anzüglichen Witz gemacht, der dich gekränkt hat? Hat dein Chef versucht, dich klein zu machen? Hat dein Partner dich ausgenutzt? Schreib alle Dinge auf, bei denen du das Gefühl hattest, dass jemand eine Grenze überschritten hat.

Nachdem du fertig bist, sieh sie dir an und entscheide, welche Dinge dich am meisten verärgern und dir am unangenehmsten sind. Dann überlegst du, was du tun könntest, um in deinem Leben eine Grenze zu setzen und so zu vermeiden, dass so etwas noch einmal passiert. Oder überlege, wie du die Person wissen lassen kannst, dass du dich unwohl fühlst. Denk daran, dass es hier nicht darum geht, eine bestimmte Reaktion zu bekommen; wir können die Worte anderer nicht kontrollieren.

Stattdessen solltest du dich darauf konzentrieren, was du sagen und tun kannst, um dir selbst Gehör zu verschaffen. Die Wahrheit ist, dass andere Menschen Grenzen nicht mögen. Bereite dich einfach darauf vor, dass die Menschen beim ersten Mal, wenn du

eine Grenze setzt, heftig reagieren können. Aus diesem Grund ziehen es viele Menschen vor, keine Grenzen zu setzen; sie wollen keine Konfrontation heraufbeschwören.

Aber das Setzen und Aufrechterhalten einer Grenze kann auch eine schöne Freiheit schaffen. Du musst dich nicht mehr von anderen Menschen eingeengt fühlen. Du kannst tun, was dich glücklich macht und womit du dich wohl fühlst. Was auch immer als Ergebnis deiner Grenzziehung geschieht, denke daran: Das Wichtigste ist, dass du deinen Standpunkt vertreten und deine Wahrheit gesagt hast. Das, was du getan hast, war für dich richtig und das Beste für dich. Das ist der beste Weg, um dein Selbstvertrauen und deinen Glauben an dich selbst zu stärken.

KREATIVE ÜBUNG

Such dir ein Bild, auf dem du und deine Freunde zusammensitzen. (Oder besser ein Bild von dir an einem Ort, an dem du dich vollkommen wohl und sicher fühlst, um so zu sein, wie du sein musst.) Wenn wir wissen, dass wir geliebt werden, egal in welcher Situation, können wir das tun, was wir tun müssen, um unsere Grenzen zu setzen und einzuhalten.

Wenn du dieses Bild vor dir hast, schreibe auf, wie du dich in dieser Situation oder mit dieser Gruppe gefühlt hast. Was hat dir in dieser Situation oder bei diesen Freunden das Gefühl von Sicherheit und Verbundenheit gegeben? Hefte das Bild an die Seite, damit du es immer wieder ansehen kannst, wenn du an die positiven Gefühle denkst, die du in diesem Moment erlebt hast. Bemühe dich, diese Gefühle in deinem Alltag zu verkörpern. Der Aufbau von persönlichen Grenzen wird dir dann immer leichter fallen.

Fazit

Wenn du nicht für dich selbst eintrittst, wer dann? Es ist zwar wichtig, sich mit anderen zu verbinden und sich gegenseitig zu unterstützen, aber du musst auch die Stärke kennen, die du in dir selbst hast. Du kannst für dich selbst eintreten und dich schützen, indem du für dich eintrittst und Grenzen setzt. Je mehr du deine Stärken erkennst, desto mehr werden sie auch von anderen Menschen wahrgenommen.

Kapitel sieben

Entdecke deine Stadt neu

> Träume und Realität sind Gegensätze.
> Die Handlung synthetisiert sie.
> —Assata Shakur

Viele Menschen neigen dazu, jahrelang am selben Ort zu wohnen. Es ist beruhigend, an einem Ort zu leben, den man in- und auswendig kennt, aber es kann auch langweilig werden, jeden Tag das Gleiche zu sehen. Warum nicht mal üben, die eigene Stadt mit anderen Augen zu sehen?

Diese Übung wird dich dazu bringen, neue Dinge auszuprobieren, neue Leute zu treffen und deine Stadt auf eine Weise zu genießen, wie du es noch nie zuvor getan hast. Aber es wird dir auch helfen, dich auf die positiven Aspekte des Ortes, an dem du lebst, zu konzentrieren und dich aus deinem Trott

aufzurütteln. Wenn wir unsere Lebenseinstellung ändern müssen, ist es wichtig, dass wir uns selbst herausfordern und weiter wachsen, auch wenn wir die Stadt nicht verlassen können.

SETZE ES IN DIE PRAXIS UM

Trommel ein paar Freunde zusammen, die aus deiner Stadt kommen (oder schau im Internet nach), und stelle eine Liste mit fünf Orten in deiner Umgebung zusammen, die du noch nie gesehen oder besucht hast. Dabei kann es sich um Restaurants, Parks, Freizeiteinrichtungen usw. handeln. Das einzige Kriterium ist, dass es sich für dich neu anfühlen muss.

Fordere dich selbst heraus, einen dieser neuen Orte oder eine dieser neuen Aktivitäten in deiner Stadt auszuprobieren. Geh mit der Perspektive eines Außenstehenden an die Sache heran. Stell dir diese Fragen:

- Wie sieht deine Stadt für jemanden aus, der noch nie dort gewesen ist?

- Was ist das Aufregendste, das Schönste, das Besondere an deiner Stadt oder an deinem Ort?

....

....

- Was sind die positiven Dinge an der Stadt, die einem Außenstehenden auffallen könnten?

....

....

KREATIVE ÜBUNG

Um neue Sichtweisen zu üben, verfasse einen kurzen Reisebericht über deine Stadt. Formuliere ihn so, dass die Leute Lust auf einen Besuch bekommen.

Wenn du lieber zeichnest oder fotografierst, stell dir vor, du würdest eine Postkarte über diese neue Erfahrung gestalten. Denk darüber nach, wie du jemanden überzeugen könntest, denselben Ort zu besuchen. Zeit mit dieser neuen Perspektive zu verbringen, kann dir wirklich helfen, aus dem Trübsinn herauszukommen und den Ort, an dem du lebst, viel mehr zu schätzen.

Fazit

Wir werden sehr stark von unserer Außenwelt beeinflusst. Der Ort, an dem Sie leben, spielt eine große Rolle dabei, wie Sie sich im Leben fühlen. Wenn du deiner Stadt und ihrer Umgebung überdrüssig geworden bist, kann ein neuer Blickwinkel dafür sorgen, dass sie sich wie ein ganz neuer Ort anfühlt.

Kapitel acht

Finde (und liebe) deine Macken

> **Sei chaotisch und kompliziert und ängstlich und zeig dich trotzdem.**
> —*Glennon Doyle*

Dies ist eine universelle Wahrheit: Wir sind alle fehlerhaft. Das muss nicht bedauerlich sein, es ist einfach eine Tatsache des Lebens. Deine Schwächen machen dich menschlich und verbinden dich mit allen anderen. Es ist an der Zeit, dass du aufhörst, dich wegen dieser Fehler schuldig zu fühlen, und herausfindest, ob du nicht etwas findest, das du an ihnen schätzen kannst.

Oder noch besser: Lass uns einen Weg finden, mit ihnen zu arbeiten. Dein Selbstbild sollte immer zu deinem Vorteil sein. Denn sie sind einfach ein natürlicher Teil von dir und verdienen es, gefeiert zu werden. Dein Körper ist nicht dein Feind, aber eine negative Einstellung zu deinem Aussehen kann ein großer Rückschritt sein.

Wie also kannst du die Art und Weise ändern, wie du diese vermeintlich nicht so schönen Teile von dir siehst? Es beginnt mit einer Selbstuntersuchung.

SETZE ES IN DIE PRAXIS UM

Auch wenn das vielleicht ein bisschen schwierig ist, überleg dir etwas, das du nicht immer an dir magst. Grübel ein bisschen tiefer, als dass du es hasst, wie sehr du Schokolade liebst. Zu den Dingen, die du an dir selbst nicht magst, könnte gehören, dass du immer das Rampenlicht scheust und dich dafür schimpfst. Oder du lässt dich von anderen ausnutzen, weil du es allen recht machen willst. Oder du hast in stressigen Situationen nicht so viel Geduld, wie du gerne hättest.

Jetzt kannst du anfangen, diese Eigenschaften aus einer neuen Perspektive zu betrachten.

- Wenn du nicht im Rampenlicht stehst, wer dann? Warum glaubst du, dass das so ist? Bist du bereit, etwas Platz einzunehmen, oder bist du froh, wenn du andere Menschen glänzen lässt? (Ist das ein echter Makel oder nur ein Persönlichkeitsmerkmal?)

....

....

- Falls du dazu neigst, es anderen recht zu machen, überlege, warum das so ist. Was hast du davon, wenn du das für andere tust? Der Drang, Menschen glücklich zu machen und freundlich zu sein, kann eine sehr positive Eigenschaft sein. Vielleicht kannst du diese Fähigkeit auch in einem anderen Bereich einsetzen. Das könnte etwas wie ehrenamtliche Arbeit oder Arbeit in der Gemeinde vor Ort sein.

....

....

- Wenn du zu ungeduldig bist, denke über die Situationen nach, in denen du das Gefühl

hast, deine Geduld zu verlieren. Was geschieht eigentlich um dich herum? Wer sind die beteiligten Personen, und was verursacht den Stress? Wie kannst du dir selbst helfen, eine Pause einzulegen, wenn du das nächste Mal spürst, dass die Ungeduld wächst?

....

....

Liste die Dinge an dir auf, die du als negativ empfindest. Nicht alles wird sich als positiv erweisen, aber die meisten davon werden sich wahrscheinlich zu deinen Gunsten auswirken. Du kannst dir auch überlegen, wie du negative oder schwierige Eigenschaften in positive umwandeln kannst, indem du überlegst, wie du mit ihnen arbeiten kannst. Wie kannst du dich auf deine Stärken konzentrieren, um dir selbst zu helfen und deine "Schwächen" neu zu gestalten? Schreib ein paar Ideen auf, wie du die Dinge umdrehen kannst, und fang an, das, was du für einen Makel gehalten hast, als Teil deines großartigen inneren Wandteppichs zu sehen.

KREATIVE ÜBUNG

Mache ein Porträt deines Gesichts (oder mache ein Foto). Wenn du zeichnest, achte darauf, dass du alles einbeziehst, auch die Dinge, die du für Makel hältst, wie zum Beispiel Narben. Um dein Gesicht herum schreibst du die neuen Stärken auf, die du in dir entdeckt hast.

Fazit

Da bist du, mit all deinen Macken und Narben, sowohl innen als auch außen, aber es gibt auch etwas Schönes. Es gibt Licht und Stärke, und wenn wir uns auf das Positive konzentrieren, können wir unsere Stärken noch deutlicher sehen.

Teil drei: Liebe deine Energie

Kapitel neun

Versorge dich selbst

> **Dies ist mein immerwährender Rat an die Menschen: Lernen Sie zu kochen - probieren Sie neue Rezepte aus, lernen Sie aus Ihren Fehlern, seien Sie furchtlos, und vor allem: haben Sie Spaß.**
>
> *–Julia Child*

Dein Körper ist dein Kraftpaket, und er braucht deine Hilfe. Wenn du dich gut um deinen Körper kümmerst, können deine anderen Sinne (emotional, mental, spirituell) besser gedeihen. Außerdem kannst du dir damit zeigen, dass du dich selbst genug liebst, um dich um deinen Körper zu kümmern.

Was wir unserem Körper zuführen, hat einen unglaublichen Einfluss darauf, wie wir uns fühlen.

Dies ist auf keinen Fall ein Ernährungsratgeber, aber ich möchte, dass du anfängst, darüber nachzudenken, wie du dich ernähren kannst. Ich möchte, dass du deinen Körper so versorgst, dass dein Herz und dein Geist den bestmöglichen Nutzen daraus ziehen können. Sich selbst zu lieben bedeutet, Opfer zu bringen und das Beste zu tun.

SETZE ES IN DIE PRAXIS UM

Stell eine Liste mit gesunden Gewohnheiten und Lebensmitteln zusammen, von denen du bereits weißt, dass du sie tun oder zu dir nehmen solltest. Geh dann diese Liste durch und streiche ab, was du bereits tust oder konsumierst, und mache einen Kreis um die gesunden Dinge, an denen du arbeiten musst.

Vielleicht musst du anfangen, etwas Zucker wegzulassen oder mehr Sport zu treiben. Vielleicht solltest du etwas mehr Gemüse in deine Mahlzeiten einbauen. Sieh dir die Liste der eingekreisten Dinge an und entscheide, welche Optionen dir zu einem gesünderen Leben verhelfen können.

Danach erstellst du einen Essensplan. Beginne klein. Zum Beispiel kannst du eine Mahlzeit pro Tag mit Gemüse ergänzen. Ebenso verhält es sich mit der Bewegung: Beginn mit einem fünfzehnminütigen Workout und steigere es Woche für Woche. Falls du nie trainierst, überlege dir, wie du etwas Leichtes tun kannst, um dich zu bewegen.

Jetzt schreibst du eine Liste von Lebensmitteln auf, die dich oft in Versuchung führen. Normalerweise sind diese Lebensmittel nicht gesund für dich, deshalb ist es wichtig zu sehen, wo du in deinem Leben etwas ändern kannst. Du musst sie nicht ganz weglassen, aber du kannst alles einschränken, was dir nicht gut tut. Wenn du deine Essenspläne erstellst, kannst du einige dieser zusätzlichen Lebensmittel einplanen, die als Genussmittel dienen.

KREATIVE ÜBUNG

Kauf auf dem örtlichen Bauernmarkt eine Reihe von bunten, frischen Obst- und Gemüsesorten, die du normalerweise nicht kaufen würdest. Zu Hause kannst du sie zeichnen und dir vorstellen, wie du die Schönheit gesunder Lebensmittel genießt.

Dann kannst du kreativ werden und dir Rezepte ausdenken, die sowohl gesund als auch lecker sind. Im Internet, in Familienkochbüchern oder in der Bibliothek kannst du dir überall Inspiration holen.

Fazit

Wenn du dich um dich selbst kümmerst, musst du die Extrameile gehen und tun, was dein Körper braucht. Je mehr du deinen Körper nährst, desto besser geht es auch deinem Geist und deinem Herzen. Es kann ein harter Weg sein, aber du wirst es nicht bereuen.

Kapitel zehn

Sieh dir deinen Krempel an

> Wenn du dich bemühst und Optimismus zu deiner Lebensweise machst, kannst du deinen Glauben an dich selbst wiederherstellen.
>
> —*Eleanor Roosevelt*

Wer sagt, dass man einen Wellness-Tag braucht, um sich frisch und belebt zu fühlen? Es kann genauso erfrischend sein, seine Sachen zu durchforsten und loszuwerden, was man nicht mehr trägt oder braucht. Eine gelegentliche Aufräumaktion kann deinem Leben ein neues Image geben, und wir alle müssen das hin und wieder tun.

Wir neigen dazu, eine Menge Dinge anzuhäufen. Und manchmal halten wir nur deshalb an Dingen fest, weil es sich gut anfühlt, sie bei uns zu haben. Wir denken: Was, wenn ich das eines Tages brauche? Oder das ist so schön, dass ich es einfach nicht loswerden kann. Aber was nutzt uns das Zeug, wenn es uns nicht wirklich einen Vorteil verschafft oder uns etwas bringt?

Wenn wir uns mit so viel Gerümpel umgeben, das nie benutzt wird, kann es zu einer Verkörperung dessen werden, wie wir unser Leben leben. Wir halten an Dingen fest, die wir nicht wirklich brauchen, und stagnieren. Wenn wir aber unsere Habseligkeiten entrümpeln, trennen wir uns von nutzlosen Dingen, die uns belasten. Und wir schaffen neuen Platz in unserem Leben für wichtigere, nützlichere Dinge.

SETZE ES IN DIE PRAXIS UM

Beginnen wir mit der Kleidung. Damit lässt sich wirklich am einfachsten beginnen. Geh zu deinem Kleiderschrank und deiner Kommode und räum alles heraus. Geh Stück für Stück durch. Was trägst du tatsächlich? Was brauchst du, und was gefällt dir? Und wenn du etwas in den letzten Monaten

nicht mehr getragen hast (und es nicht mit dem Wetter zusammenhängt), dann ist es an der Zeit, es auszumustern. Oder wenn es dir nicht mehr passt, kannst du es auch zur Kleiderspende geben.

Um es dir leichter zu machen, kannst du deine Kleidung in drei Stapel einteilen. Der eine ist der Stapel zum Behalten, der andere der Vielleicht-Stapel, und der letzte ist der Verschenken-Stapel. Wenn du

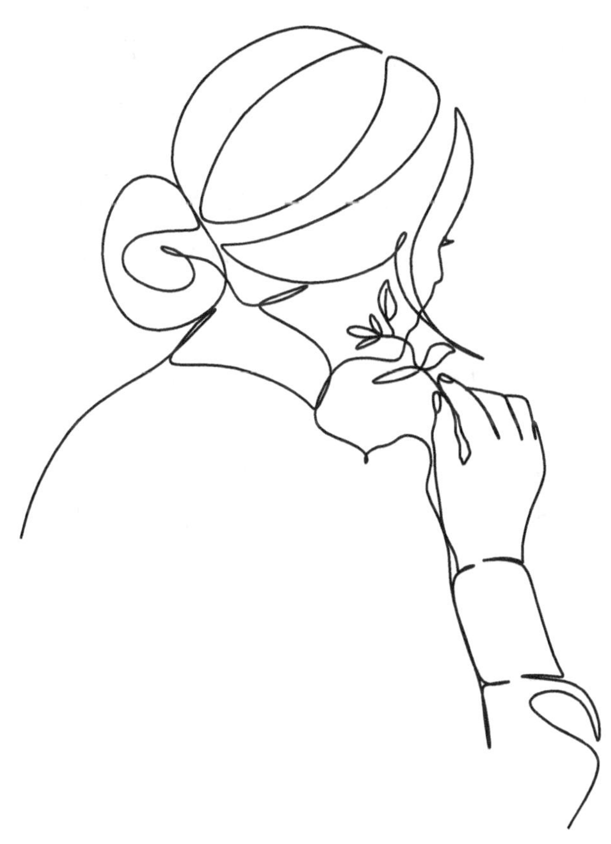

alles sortiert hast, gehst du den "Vielleicht-Stapel" noch einmal durch. Überleg ein letztes Mal und lege das Stück entweder in die Kategorie "Behalten" oder "Verschenken". Der Vielleicht-Stapel sollte komplett leer sein.

Jetzt hast du eine ganze Reihe von Kleidungsstücken, die du in deinem Leben nicht mehr brauchst. Später kannst du die Sachen in einen Secondhand-Laden oder eine Notunterkunft bringen und sie dort spenden. Für die Kleider, die du behalten hast, hast du dich entschieden, weil du sie wirklich liebst, und jetzt kannst du sie noch mehr genießen.

Mach das gleiche mit dem Rest deines Besitzes und du wirst erstaunt sein, wie erfrischt du dich fühlst!

KREATIVE ÜBUNG

Entwirf einen Kleiderschrank, den du liebst! Zwar würden wir gerne viele Dinge aufbewahren, aber niemand liebt Unordnung. Mal dir einen Kleiderschrank, den du anstreben möchtest. Er ist nur mit Dingen gefüllt, die du tragen möchtest, und zwar so perfekt organisiert, dass du an alles herankommst.

Fazit

Es ist Zeit für den Frühjahrsputz. Nimm dir vor, einmal im Jahr aufzuräumen, um zu hinterfragen, warum du etwas gekauft und in dein Haus gebracht hast. Es ist in Ordnung, Dinge wegzugeben. Wenn wir uns mehr Gedanken darüber machen, was wir

tatsächlich besitzen, erfahren wir manchmal etwas mehr über uns selbst, unsere Arbeitsweise und unsere Werte.

Aber wenn du in der Lage bist, dich von einigen Dingen zu trennen, die dir nicht mehr nützlich sind, kannst du dich von der Unordnung befreien und dich wirklich fabelhaft fühlen.

Kapitel elf

Unterstütze dich selbst

> **Ich bin immer beschäftigt, und das ist vielleicht der Hauptgrund, warum es mir immer gut geht.**
>
> *–Elizabeth Cady Stanton*

Arbeit ist notwendig, um den Lebensunterhalt zu verdienen, aber Frauen überlasten sich oft bis zum Äußersten. Obwohl wir alle in jedem Bereich Großes leisten wollen, ist es wichtig, dass wir uns auch Zeit für Ruhe nehmen.

In diesem Buch geht es darum, uns um uns selbst zu kümmern, damit wir lernen, das Leben aus einer positiven Perspektive zu sehen. Wenn wir realistisch einschätzen, wie viel Zeit und Energie wir jeder Aufgabe widmen können, werden wir in der Lage

sein, uns Zeit für uns selbst zu nehmen und diese positive Einstellung zu bewahren.

Tu das für dich selbst, und du wirst mehr Raum, Energie und Zeit für das haben, was dich glücklich macht!

SETZE ES IN DIE PRAXIS UM

Mache eine Liste aller Verpflichtungen, die du am Tag hast. Sicher, du musst wahrscheinlich arbeiten, aber denk auch an die kleinen Dinge, die du tust und die Zeit und Energie kosten, wie Wäsche waschen, das Abendessen kochen, einkaufen gehen und so weiter.

....

....

....

....

....

Schau dir die Liste an und denk über deine Energie nach. Übertreibst du es? Fühlst du dich zu Beginn des

Tages energiegeladen oder bist du schon erschöpft, wenn du an all die Arbeit denkst, die du erledigen musst?

Nimm ein Blatt Papier und versuche dir vorzustellen, wo du Zeit für dich selbst finden kannst.

- Kannst du deine Einkäufe online erledigen?
- Kannst du deine Wäsche in der Reinigung waschen lassen?
- Kannst du bei der Arbeit eine Aufgabe an jemanden delegieren?
- Kannst du vermeiden, an die Arbeit zu denken, sobald du das Büro verlässt?
- Kann dir jemand helfen, sich um die Kinder zu kümmern?

Wenn du die verschiedenen Möglichkeiten analysierst, wirst du Wege finden, um Zeit und Energie zu sparen. Man hat uns beigebracht, der Arbeit den Vorrang zu geben, aber es ist an der Zeit, sich ein wenig mehr auf die wohlverdiente Ruhe zu konzentrieren!

KREATIVE ÜBUNG

Zeichne ein Bild von dir bei der Arbeit: vielleicht beim Schreiben einer E-Mail oder beim Wäschewaschen. Zeichne daneben ein Bild von dir selbst in einem Moment der Ruhe, in dem du ein Buch liest, fernsiehst oder ein Glas Wein trinkst.

Betrachte beide Bilder und denk über die Idee des Gleichgewichts zwischen Arbeit und Ruhe nach. Diese beiden Tätigkeiten stehen gleichberechtigt nebeneinander, und für ein glückliches Leben musst du beiden Raum geben.

Fazit

Manche Menschen lieben ihre Arbeit, weil sie die Möglichkeit haben, ihre Fähigkeiten unter Beweis zu stellen oder etwas zu erforschen, das sie leidenschaftlich interessiert. Aber auch wenn du deine Arbeit liebst, kannst du leicht an die Grenzen deiner Stärken stoßen. Fang an, mehr Raum für mehr Ruhe zu schaffen, und suche nach Möglichkeiten, Zeit und Energie zu sparen!

Kapitel zwölf

Sieh dir an, wie du liebst

> **Du kritisierst dich schon seit Jahren und es hat nicht funktioniert. Probier mal, dich zu akzeptieren, und sieh, was passiert.**
>
> *–Louise Hay*

Die Liebe bringt die Welt in Schwung. Wen wir lieben und wie wir lieben, sagt so viel über uns aus. Die Menschen, die wir lieben, seien es Freunde, Partner oder Familienmitglieder, werden ein Teil von uns, weil wir sie lieben. Unsere Beziehungen bestimmen, wie wir unser Leben leben, aber manchmal konzentrieren wir uns so sehr auf äußere Dinge wie Arbeit oder Stress, dass wir vergessen, wie man liebt und gut liebt. In der gleichen Eile können wir auch vergessen, uns selbst zu lieben.

Wir tun Dinge und sagen Dinge zu uns selbst, die wir niemals zu einem anderen Menschen sagen würden, schon gar nicht zu jemandem, den wir lieben! Der Sinn des Lebens besteht darin, es zu genießen und all die schönen Erfahrungen, die es enthält, auszukosten. Aber wir selbst können zu unserem schärfsten Kritiker werden, wenn wir feststellen, dass wir nicht unseren eigenen Ansprüchen genügen. Vielleicht haben wir das berufliche Ziel unserer Träume noch nicht erreicht. Unser Aussehen könnte uns frustrieren. Darüber hinaus ist es leicht, sich zu wünschen, wir hätten andere Entscheidungen getroffen und wären ein ganz anderer Mensch geworden, obwohl wir uns selbst ehren sollten.

Wenn du daran arbeitest, deine Gedankenmuster zum Positiven zu verändern und deine Einstellung zu ändern, musst du dir ansehen, wie du liebst.

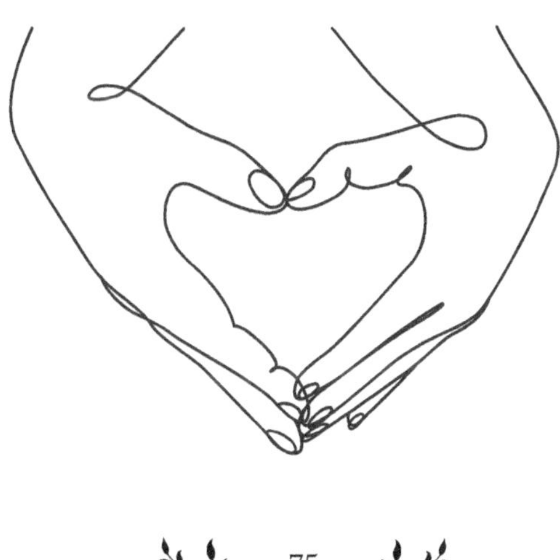

Dadurch, dass du darüber nachdenkst, kannst du besser verstehen, wie du die Art und Weise, wie du dich selbst liebst, anpassen kannst.

SETZE ES IN DIE PRAXIS UM

Schau dir deine Beziehungen an, sowohl die vergangenen als auch die gegenwärtigen. Frag dich selbst:

- Was für eine Partnerin oder ein Partner war ich?

....

....

- Wie habe ich diese andere Person geliebt?

....

....

- Welche positiven Dinge könnte diese Person über mich sagen, die ich über mich selbst nicht sagen würde?

....

....

Nachdem du dir einige Zeit damit beschäftigt hast, schreibe einige Ideen auf, wie du diese Fähigkeit, andere mit Freundlichkeit, Mitgefühl und Verständnis zu lieben, auf dich selbst übertragen könntest.

Geh noch einen Schritt weiter und denke an alle Beziehungen, ob romantisch oder platonisch, schreibe 100 Dinge auf, die du mitbringst. Das könnte anfangs schwierig sein, aber du wirst es schaffen. Zum Beispiel, dass du schnell ein Kompliment machst oder andere zum Lachen bringst. Die einfachsten Dinge können einen langen Weg gehen. Trag diese Eigenschaften in die Liste ein.

Sieh dir diese Liste einige Zeit lang an und erinnere dich daran, wie wunderbar du bist. Erinnere dich daran, wie viele einzigartige Qualitäten du in die Welt und in die Beziehungen mit anderen einbringst. Anstatt sich nur auf deine Schwächen zu konzentrieren oder darauf, dass du das Gefühl hast, dir nicht zu genügen, denke an all deine Stärken. Liebe dich so, wie du es verdienst.

KREATIVE ÜBUNG

Neben den 100 Punkten auf dieser Liste solltest du dir überlegen, auf welche Weise du mit dieser Fähigkeit Liebe zeigen kannst. Es wird einige Zeit dauern, alle 100 Punkte durchzugehen, also geh es Schritt für Schritt an. Wenn du großzügig, ausdrucksstark oder ein guter Zuhörer bist, stell dir vor, wie du diese Eigenschaft auf eine neue Art und Weise einsetzen kannst, die dir das Gefühl gibt, geliebt zu werden, während du anderen Liebe schenkst.

Fazit

Wir lernen, andere zu lieben, lange bevor wir lernen, uns selbst zu lieben. Aber wir sind genauso wichtig, und wir verdienen auch Liebe aus uns selbst heraus. Je mehr du dich selbst liebst, desto mehr wird sie aus dir herausstrahlen und wunderbare Energie in die Welt bringen.

Teil vier: Liebe dein Durchhaltevermögen

Kapitel dreizehn

Erzähle deine Geschichte

Eines der wunderbaren Dinge daran, du selbst zu sein, ist, dass du ganz und gar einzigartig bist. Wir alle sind einzigartig, und jeder von uns hat seine eigene Geschichte zu erzählen. Manchmal kann es sich so anfühlen, als würden wir im Laufe der Zeit von der Anzahl der Menschen auf der Welt völlig übertönt werden. Es ist leicht, in die Falle zu tappen, und sich zu denken: "Wie kann ich denn überhaupt wichtig sein?

Und doch bist du viel wichtiger, als du dir vorstellen kannst. Die Welt braucht dich, um sich selbst treu zu bleiben, damit sie sich weiter drehen kann. Du magst zweifeln, ob deine Geschichte es wert ist, erzählt zu werden, aber deine Geschichte ist wertvoll. Wenn wir unsere Geschichte erzählen, teilen wir mit, wer wir sind und wie wir uns in das Geflecht des Lebens eingefügt haben.

Jeder Mensch hat es verdient, seine Geschichte zu erzählen, und auch du kannst das tun, auf welche Weise auch immer du es tun möchtest.

Setze es in die Praxis um

Die eigene Geschichte zu erzählen, sieht für jeden Menschen anders aus. Falls du normalerweise nicht zu den Menschen gehörst, die gerne viel reden, weil du dich dadurch verletzlich oder unwohl fühlst, solltest du versuchen, anderen mehr von deiner Geschichte zu erzählen. Vielleicht fängst du mit deinem Partner an und traust dich dann, mehr mit Freunden und Familie zu teilen. Eine Therapiesitzung kann ebenfalls ein guter Anfang sein. Vielleicht gefällt dir die Geschichte, die du hast, aus irgendeinem Grund nicht. Vielleicht schämst du dich für Dinge aus deiner Vergangenheit oder du hast ein Trauma, das du lieber verheimlichen würdest. Es wird einige Zeit

dauern, aber wenn du anfängst, dir deine Geschichte zu eigen zu machen, wird es dir leichter fallen. Es gibt keinen Grund mehr, sich zu verstecken oder davor wegzulaufen, wer du bist. Wenn du anfängst, dich mitzuteilen, wirst du spüren, wie du dich zu öffnen beginnst und dich frei fühlst.

Schluss mit der Angst oder der Scham vor der Reise, die du zu teilen hast. Mach sie dir zu eigen. Genieße sie. Diese Geschichte gehört dir ganz allein.

KREATIVE ÜBUNG

Erstelle ein Sammelalbum mit deiner persönlichen Geschichte. Wenn du gerne bastelst, kannst du dir im Bastelladen deines Vertrauens das nötige Material besorgen. Widme jedem wichtigen Ereignis in deinem Leben, das dich verändert hat, mindestens eine Seite.

Sammle Gegenstände, die dir etwas bedeutet haben, wie z. B. deine erste Kinokarte oder ein Programmheft von eines Konzertes. All diese Dinge sind Teil deiner Persönlichkeit und der Geschichte, die du in deinem Leben geschrieben hast.

Fazit

Wir verschwenden zu viel Zeit damit, uns zu schämen oder uns vor unserer Geschichte zu verstecken. Deine Geschichte ist das, was du bist. Erst sie macht dich zu der schönen Person, die du bist. Fang an, deine Geschichte zu erzählen und dich zu befreien!

Kapitel vierzehn

Sei deine eigene Wegweiserin zu deinen Träumen

> **Finde heraus, wer du bist, und tu es mit Absicht.**
> —Dolly Parton

Das Streben macht uns menschlich. Dieser Drang, mehr zu erreichen, gibt uns Hoffnung auf das, was vor uns liegt. Alles, was wir tun müssen, ist, den ersten Schritt zu tun. Aber in einer Gesellschaft, die auf Bodenständigkeit und konkrete Handlungen und Überzeugungen ausgerichtet ist, kann es schwierig sein, Träume zu haben. Uns wird beigebracht, immer praktisch zu sein, an Geld, Sicherheit oder Familie zu denken.

Es kann jedoch unglaublich befreiend sein, sich selbst träumen zu lassen. Träume groß, träume hoch, und denke über all die Dinge nach, die du in deinem Leben gerne erreichen würdest. Möchtest du Schriftstellerin werden? Willst du dein eigenes Unternehmen besitzen? Willst du dein eigenes Album aufnehmen? Halte an dieser Vision von dir fest. Deine Ziele können so groß oder klein sein, wie du willst, aber erlaube dir die Freiheit zu träumen.

Ohne einen konkreten Plan wird diese Freiheit oft unterdrückt, aber es ist immer möglich, einen Traum in ein Ziel zu verwandeln.

SETZE ES IN DIE PRAXIS UM

Wir müssen unseren Träumen eine Bedeutung geben. Die Dinge, die wir uns vorstellen, sind wichtig und verdienen unsere Aufmerksamkeit. Sobald wir anfangen, einen Traum in die Tat umzusetzen, wird er zu einem Ziel. Nimm dein Journal oder ein Blatt Papier und schreibe fünf Dinge auf, die du in deinem Leben erreichen möchtest.

Nimm dir eine Anzahl von Jahren vor, in denen du diese Dinge erreichen möchtest. Ideen sind zum Beispiel:

- Du willst auf eine Beförderung in deinem Job hinarbeiten.

- Du möchtest in eine völlig neue Stadt umziehen.

- Du möchtest ein Buch über dein Leben schreiben.

Auf der nächsten Seite schreibst du die Schritte auf, die du unternehmen musst, um diesen Traum zu verwirklichen. Der Traum hat sich nun in ein Ziel verwandelt. Jetzt träumst du nicht mehr nur. Du gibst deinen Träumen Glaubwürdigkeit und lässt sie Wirklichkeit werden.

KREATIVE ÜBUNG

Überleg dir, wie dein Leben aussehen wird, wenn du eines deiner Ziele erreicht hast. Male es dir aus, und zeichne es auf. Das kann ein Bild von dir sein, eine Errungenschaft oder eine Szene in deinem zukünftigen Leben, wenn du dein Ziel erreicht hast.

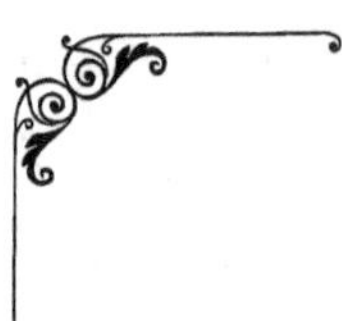

Fazit

Träume bringen uns als Frauen zusammen und halten uns zusammen. Deine Fantasie bringt dein authentisches Selbst zum Vorschein. Sie hilft dir, in dich zu gehen und deine wahren Leidenschaften zu entdecken. Nimm dir diese Zeit, um in diesen Prozess anzugehen und etwas Neues über dich zu entdecken.

Kapitel fünfzehn

Entfache deine Kreativität

> **Mach das Beste aus dir selbst, indem du die kleinen Funken der Möglichkeiten in Flammen der Erfolge verwandelst.**
> *–Golda Meir*

Dein Durchhaltevermögen und deine Fähigkeit, schwierige Zeiten in deinem Leben zu überstehen, sind ein Geschenk. Eine Möglichkeit, sich selbst in Schwung zu halten, besteht darin, deine Kreativität zu entfachen. Viele Menschen denken, dass sie ohne den offiziellen Titel eines Künstlers nicht zeichnen oder malen können oder dass sie keine Kreativität haben.

Aber jeder kann seine Kreativität ausleben. Bei jedem Menschen nimmt sie eine andere Form an,

aber das macht niemanden mehr oder weniger fähig, etwas zu schaffen. Ganz gleich, was du tust, um dich auszudrücken, ob du schreibst, bildhauerisch arbeitest, tanzt oder was auch immer - dein innerer Künstler ist dein eigener.

Ich möchte dich dazu auffordern, diese Seite von dir zu lieben und ihr die Zeit zu geben, die sie verdient. Nimm dir jede Woche etwas Zeit, um etwas Kreatives zu tun, das sich nur auf dich konzentriert. Gönn dir Zeit für deinen persönlichen Ausdruck.

SETZE ES IN DIE PRAXIS UM

Was machst du am liebsten? Was regt deine Vorstellungskraft an, lässt dich die Realität vergessen und bringt deine kreativen Säfte zum Fließen?

- Malst du gerne mit Wasserfarben?

....

....

- Liebst du Innenarchitektur?

....

....

- Magst du Blumenarrangements?

  ....

  ....

- Liebst du es, zu handwerklich zu arbeiten?

  ....

  ....

- Komponierst du gerne Musik?

  ....

  ....

Mach das nicht des Geldes oder des Gewinns wegen; darum geht es bei Kreativität nicht. Reservier dir jede Woche etwas Zeit, um etwas Kreatives zu tun, nur um der Kreativität willen. Wenn du zum Beispiel

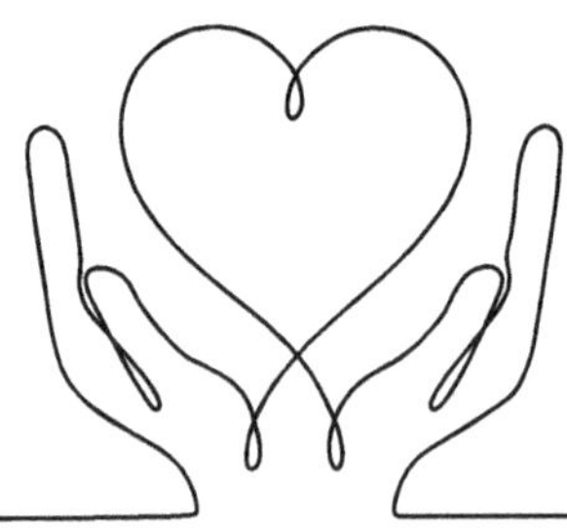

gerne fotografierst, mach dich einmal pro Woche auf den Weg in deine Stadt und fotografiere die Orte, die du liebst.

Etwas Kreatives zu tun, macht dich glücklicher, steigert dein allgemeines Wohlbefinden und hilft dir, auch in schwierigen Zeiten durchzuhalten.

KREATIVE ÜBUNG

Denk über deine drei größten Leidenschaften in deinem Leben nach. Zeichne jede von ihnen oder ein Bild, das sie repräsentiert, auf drei verschiedene Blätter Papier. Welche Farben und Formen haben deine Leidenschaften? Wie stellst du sie dir vor? Wie kannst du sie in deinem Leben nutzen?

Fazit

Kreativität wird in unserem Leben viel zu oft an den Rand gedrängt. Wir vergessen, dass sie ein Teil unseres Wesens ist, und wenn wir Zeit mit etwas Kreativem verbringen, geben wir unserem Gehirn die Chance, sich vom Alltag zu erholen. Lass die Funken sprühen!

Kapitel sechzehn

Optimiere dein System

> Sich selbst zu lieben ist keine Eitelkeit.
> Es ist Vernunft.
> –Katrina Mayer

Genau wie die Technik können wir alle gelegentlich ein Update gebrauchen. Wenn wir viel zu tun haben, konzentrieren uns so sehr auf die anstehenden Aufgaben, dass wir uns geistig oder körperlich zermürben. Das ist nur natürlich, aber manchmal benutzen wir ein veraltetes System. Es erfüllt seinen Zweck nicht mehr, und es ist an der Zeit, es zu ändern.

Wenn wir unser System optimieren, finden wir Wege, um Energie, Zeit und Ressourcen zu sparen und das Beste aus unserem Leben zu machen. Etwas, das in der Vergangenheit sehr gut für dich funktioniert hat, funktioniert vielleicht nicht mehr so gut.

Vielleicht hat es für dich gut funktioniert, morgens aufzustehen und Sport zu treiben, als du jünger warst oder bevor du deine Kinder bekommen hast. Aber jetzt bist du morgens ein bisschen damit beschäftigt, dafür zu sorgen, dass die Kinder gut in die Schule kommen. Vielleicht fällt es dir aber nicht sofort auf, dass dein System eine Veränderung braucht.

Wenn dein alter Flow nicht mehr ausreicht, ist es Zeit für einen Reset. Du kannst also morgens nicht joggen. Geh vielleicht nach der Arbeit joggen, bevor die Kinder von der Schule nach Hause kommen. Oder überleg, ob du nicht trainieren kannst, nachdem die Kinder ins Bett gegangen sind.

Jeder Mensch ist anders, aber es ist an der Zeit, eine Bestandsaufnahme deines Systems zu machen und herauszufinden, ob du nicht eine komplette Systemüberholung brauchst, um wieder in Schwung zu kommen.

SETZE ES IN DIE PRAXIS UM

Welche Systeme gibt es in deinem Leben bereits? Denk dabei an Arbeit, Privatleben, Gesundheit, Schlaf und mehr. Während du über jedes dieser Systeme nachdenkst, überlege, was für dich wirklich gut funktioniert und was dir zu entgehen scheint.

Hast du in diesen Bereichen Fortschritte gemacht? Oder gibt es einige Bereiche, in denen du hinterherhinkst? Dann denkst du über neue Regelungen nach, die du einführen könntest, oder einfach über Systeme, die du aktualisieren könntest.

Das können Änderungen an deinem Schlafrhythmus, deiner Bewegungsroutine, deiner Arbeitsreihenfolge während des Arbeitstages und vielem mehr sein.

KREATIVE ÜBUNG

Wähle ein abstraktes Bild zum Ausmalen. Stell dir beim Ausmalen vor, dass dein Leben aus verschiedenen Systemen besteht, die alle zusammenarbeiten.

Fazit

Wir alle können ab und zu ein Update gebrauchen. Selbst wenn etwas in der Vergangenheit für uns funktioniert hat, bedeutet das nicht, dass dasselbe alte System auch bei dem neuen und verbesserten Ich funktioniert. Mach einen kurzen Scan und schau, wo du dein Leben ein bisschen aufpolieren kannst!

Teil fünf: Liebe dich selbst, Punkt

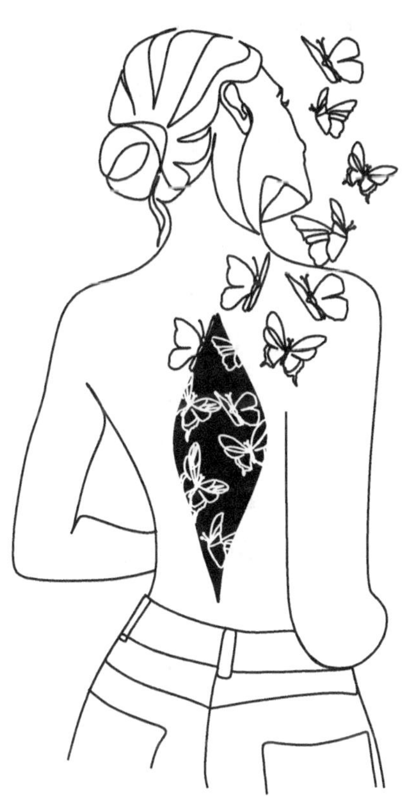

Kapitel siebzehn

Zeige deine Dankbarkeit

> Alles, was du schätzt und wofür du dankbar bist, wird in deinem Leben zunehmen.
>
> –Sanaya Roman

Es ist erwiesen, dass die Ausübung von Dankbarkeit die Menschen glücklicher und gesünder macht und ihr Leben mit Sinn erfüllt. Wenn wir uns darauf konzentrieren, für die guten Dinge, die wir im Leben sehen, zu danken, nehmen wir jeden Tag mehr unglaubliche Dinge wahr. Positive Ereignisse rücken in den Vordergrund unseres Denkens, und Dankbarkeit entsteht mit immer weniger Aufwand.

Während es oft leichter ist, sich bei anderen zu bedanken, kann es sehr schwierig sein, sich selbst

zu danken. Dies ist eine Gelegenheit, sich darauf zu konzentrieren, sich selbst zu danken, wenn Sie etwas erreicht haben. Das kann etwas Kleines sein, wie Geduld in einer stressigen Situation, oder etwas Größeres, wie die Gründung eines eigenen Unternehmens.

Wenn du dich öfter bei dir selbst bedankst, wirst du dich von einem Hindernis oder Gegner für dein Glück in einen Freund verwandeln.

SETZE ES IN DIE PRAXIS UM

Halte einen Stapel Dankeskarten immer griffbereit. Bunte Haftnotizen eignen sich ebenfalls. Bewahre sie im Büro, zu Hause und in deiner Handtasche auf. Nutze sie, wenn du etwas tust, das deiner Gesundheit, deinen Träumen oder deinem allgemeinen Wohlbefinden zugute kommt.

Bedanke dich bei dir selbst, wenn du in dieser Woche so viel Sport getrieben hast, wie du wolltest, wenn du eine gesunde und leckere Mahlzeit gekocht hast oder wenn du jemandem oder einer Sache gegenüber eine gesunde Grenze gezogen hast. Es gibt so viele Dinge in deinem Leben, auf die du achten kannst, und so viele Dinge, für die du dir selbst danken kannst.

KREATIVE ÜBUNG

Skizziere ein Symbol der Dankbarkeit, das dich jedes Mal, wenn du es ansiehst, an Dankbarkeit denken lässt. Das kann dir helfen, dich daran zu erinnern, für dich selbst dankbar zu sein. Das könnte ein Bild der Sonne sein, eine Blume, die du liebst, ein Mandala - was auch immer dir hilft, deine Gedanken auf das Danken zu lenken!

Fazit

Es gibt so viel, was du in deinem Leben tust. Warte nicht darauf, dass andere dir Danke sagen. Sag es dir selbst und zeige Dankbarkeit für alles, was du jeden Tag erreichst und vollbringst.

Kapitel achtzehn

Freue dich über das Gute

> Denke immer daran, zu lächeln und auf das zu schauen, was du im Leben hast.
> —*Marilyn Monroe*

Haben dir deine Eltern, als du aufgewachsen bist, jemals gesagt, du sollst "froh sein über das, was du hast", anstatt dich nur zu beschweren? Als Kind ist es schwer, das zu tun, denn die schlechten Dinge sind oft einfach zu krass. Aber jetzt, wo du erwachsen bist, kann diese Idee, sich auf das zu konzentrieren, was du hast, anstatt auf das, was du nicht hast, dein Leben auf so viele wunderbare Arten verändern.

Das Konzept, seine Segen zu zählen, passt gut zu der Kunst, Dankbarkeit zu üben. Aber während ich davon sprach, sich selbst gegenüber dankbar zu

sein, fordere ich dich in diesem Kapitel auf, deinen Segen in allen Bereichen deines Lebens zu zählen. Es gibt keinen besseren Weg, Positivität und Freude in deinem Leben zu fördern, wenn du dich immer darauf konzentrierst, deine wunderbaren Segnungen zu schätzen.

Segen gibt es in allen Formen und Größen. Es kann sich um Menschen, Ereignisse, Gegenstände, Erfolge und vieles mehr handeln. Konzentriere dich nicht nur auf einen Bereich, wenn du deine Segnungen zählst. Betrachte dein ganzes Leben und alles, was dazugehört. Welche guten Dinge widerfahren dir gerade? Welche guten Dinge gibt es bereits in deinem Leben?

SETZE ES IN DIE PRAXIS UM

Jeder muss sich die Zeit nehmen, innezuhalten und darüber nachzudenken, womit man im Leben gesegnet ist. Nimm dir ein wenig Zeit, um dich hinzusetzen und eine Liste mit deinen Segnungen zu erstellen. Stell dir selbst die Frage:

- Für welche Menschen kannst du dankbar sein?

  ....

  ....

- Wer hat dir bei der Arbeit, zu Hause oder in der Gemeinschaft geholfen?

  ....

  ....

- Bist du in guter Gesundheit?

  ....

  ....

- Hast du tolle Freunde?

  ....

  ....

- Hast du eine Familie, die dich liebt und unterstützt?

  ....

  ....

- Ist dein Partner freundlich und mitfühlend?

- Sind deine Kinder gesund und glücklich?

- Hast du ein Dach über dem Kopf?

- Hast du genug Geld, um dich und deine Familie sicher und zufrieden zu halten?

- Macht dir deine Arbeit Spaß?

- Liebst du dein Haus und den Ort, an dem du lebst?

....

....

Es gibt so viele Möglichkeiten, nach Segnungen zu suchen, und je mehr Dinge du auflisten kannst, desto mehr positive Dinge kannst du in den Blick nehmen. Jetzt denke über das Wort Dankbarkeit nach. Welche Bedeutung hat dieses Wort in deinem Leben?

Denk darüber nach, wie du in deinem Leben mehr Dankbarkeit zeigen und dich für die Segnungen, die du gezählt hast, erkenntlich zeigen kannst. Vielleicht kannst du einen netten Nachbarn zu einem Drink oder Abendessen einladen, um ihm deine Wertschätzung zu zeigen. Vielleicht kannst du deine Zeit ehrenamtlich zur Verfügung stellen, um Danke zu sagen, indem du etwas zurückgibst. Ermutige dich selbst, auf eine neue Art und Weise Danke zu sagen, und behalte die Segnungen im Auge.

KREATIVE ÜBUNG

Schreib das Wort Dankbarkeit in großen Buchstaben auf ein großes Blatt Papier. Zeichne in jede Sprechblase ein Bild von einem Segen, für den du dankbar bist. Du kannst auch einzeichnen, wie du dir selbst und anderen deine Dankbarkeit für diese Segnungen zeigst. Dieses Bild kannst du irgendwo aufhängen, um dich an all deine Segnungen zu erinnern und dich auf deine Dankbarkeit zu konzentrieren.

Fazit

Es ist erwiesen, dass Menschen, die sich auf ihren Segen konzentrieren, anstatt auf das, was sie nicht haben, viel glücklicher sind. Wärst du das nicht auch, wenn du dich nur auf deine tolle Familie, deinen unglaublichen Job und/oder deine guten Freunde konzentrieren würdest? Lächle weiter und zähle deine Privilegien auf. Es werden sich noch mehr Segnungen einstellen. Du musst nur nach ihnen suchen.

Kapitel neunzehn

Denk deinen Raum neu

> Wir brauchen keine Magie, um die Welt zu verändern. Wir tragen die ganze Kraft, die wir brauchen, bereits in uns selbst.
> – *J.K. Rowling*

Das Zuhause ist dort, wo das Herz ist. Jeder möchte, dass sein Zuhause ein Ort der Sicherheit, Liebe und Wärme ist. Wir wünschen uns einen Ort, an dem Menschen Liebe empfangen und ohne Vorurteile sprechen können. Denk über deinen Raum nach und darüber, wie du andere und dich selbst willkommen heißt.

Haben du und andere das Gefühl, dass du in deinem Haus du selbst sein kannst? Ist es ein sicherer Ort, an dem du den Kämpfen der Welt entfliehen und dich einfach zurücklehnen und entspannen kannst?

Beginne damit, dich auf deinen Wohnraum zu konzentrieren und darüber nachzudenken, wie er sich für dich und andere anfühlt. Je einladender und gastfreundlicher dein Zuhause ist, desto besser werden sich sowohl du als auch deine Familie und Freunde fühlen.

Setze es in die Praxis um

Ein einladendes Zuhause bedeutet nicht nur, dass du deine Türen für deine Familie, Freunde und Nachbarn öffnest. Es bedeutet, einen Raum zu schaffen, der dir gibt, was du brauchst. Es sollte ein Zufluchtsort sein, an dem sie frei sprechen und sich mit dir austauschen können, ohne verurteilt zu werden.

Beispielhaft lässt sich dies bei dir zu Hause umsetzen, indem du deinen Eingangsbereich so umgestaltest, dass ein positiver, offener Raum entsteht. Du kannst einen Kranz anbringen, Topfpflanzen mit Lichterketten aufstellen, einen Kranz aufhängen oder deine Haustür in einer warmen, einladenden Farbe streichen.

Außerdem empfiehlt es sich, einen Bereich einzurichten, in dem die Menschen sitzen und sich unterhalten können und wo sie sich wohlfühlen. In

diesen Raum kann jeder und jede kommen. Richte auch einen besonderen Raum für dich ein. Dieser Ort ist nur für dich, ein sicherer Ort, an dem du einfach nur sein kannst. Das kann eine Leseecke sein, ein Ort für Yoga oder Meditation oder ein Platz zum Journalen sein.

Kreative Übung

Skizziere ein einladendes Motiv für die Vorderseite deines Hauses. Wie könnte man diesen Teil des Hauses noch weiter dekorieren und einladend gestalten? Du kannst es in der Realität gestalten oder ein Bild entwerfen, das dich daran erinnert, die Politik der offenen Tür beizubehalten.

Fazit

Jeder verdient einen Raum, in den er sich zurückziehen kann. Deine Freunde, deine Familie und andere liebe Menschen verdienen diesen Raum, und du kannst ihn schaffen. Aber vergiss nicht, auch für dich selbst einen Raum zu schaffen.

Kapitel zwanzig

Drücke die Reset-Taste

" Frauen brauchen die Abgeschiedenheit,
um das wahre Wesen ihrer selbst
wiederzufinden.

–Anne Morrow Lindbergh "

Der tägliche Trott ist ermüdend. Es geht nicht nur um den Job, sondern um all die kleinen Aspekte des Lebens. Dinge wie Wäsche waschen, Kinder zum Training fahren, älteren Familienangehörigen zur Seite stehen und so vieles mehr können uns wirklich ermüden. Um dir selbst Liebe zu erweisen, solltest du dir Zeiten überlegen, in denen du innehalten und dir den Raum geben kannst, alles zu verarbeiten. Bei all dem, was wir in unserem Leben zu tun haben, kann dies wie eine unlösbare Herausforderung erscheinen. Aber es ist wichtig für dein Wohlbefinden und eine gute Möglichkeit, dir zu zeigen, dass du dich selbst liebst. Zu einem glücklichen, positiv gestimmten Leben gehört es, sich selbst zu lieben. Du musst dich so sehr lieben, dass du dir erlauben kannst, eine kleine Pause einzulegen.

Vielleicht verbringst du bereits gerne Zeit allein und baust diese Zeit in dein Leben ein, indem du liest, Sport treibst und andere Hobbys nachgehst, die dir Spaß machen. In diesem Kapitel geht es jedoch darum, Dich dazu zu bringen, in der Stille allein zu sein.

SETZE ES IN DIE PRAXIS UM

Finde einen Weg, die Ruhe in deinem Leben zu entdecken. In deinem Kalender suchst du dir einen Tag in der nahen Zukunft aus, an dem du dir Zeit für dich selbst nehmen kannst. Informiere andere in deinem Umfeld, dass du an diesem Tag nicht verfügbar bist. Lass nicht zu, dass jemand deinen Plan ändert, es sei denn, es handelt sich um einen echten Notfall.

Danach suchst du dir einen Ort, an dem du deine eigene Gesellschaft genießen kannst, ohne dass jemand anderes dir im Weg ist. Das heißt, keine Bildschirme, keine Kinder, keine Ablenkungen.

Such dir einen Park oder einen Platz in der Natur, wo du wirklich allein sitzen und dich selbst spüren kannst. Wenn du wieder zu Hause bist, nimm dir einen Moment Zeit, um über deine Erfahrungen zu schreiben. Du wirst lernen, dich nach dieser Einsamkeit zu sehnen, wenn du anfängst, sie zu einer Praxis zu machen.

KREATIVE ÜBUNG

Zeichne dich selbst in diesem Raum der Zurückgezogenheit als Teil deiner Überlegungen. Was fällt dir bei dieser Zeichnung im Vergleich zu deinem Selbstporträt auf?

Fazit

Manchmal müssen wir einfach die Lautstärke herunterdrehen. Die Stille zu genießen und zu lernen, unsere eigene Gesellschaft zu lieben, kann zu so viel innerem Frieden und Vertrauen führen. Denk immer daran: Wenn du dich selbst nicht liebst oder deine eigene Gesellschaft nicht genießt, wer wird es dann tun?

Abschließende Worte

Das Leben ist schon schwer genug, ohne dass uns unsere negative innere Stimme in die Quere kommt. Es ist leicht, sich niedergeschlagen zu fühlen, wenn das Leben überwältigend wird und man das Gefühl hat, niemanden zu haben, an den man sich wenden kann, und nirgendwo hin zu können. Aber ich möchte dich ermutigen, bei dir selbst nach der Kraft zu suchen, die du brauchst.

In dir selbst wirst du eine Begleiterin, eine Freundin, eine Vertraute und eine Stimme der Ermutigung finden. Alles, was du tun musst, ist, danach zu suchen. Mach es dir zum Ziel, dich auf deinem Weg durch den Alltag von dir selbst leiten zu lassen.

Beginne, von deinen Füßen aufzuschauen und zuversichtlich nach vorne zu blicken. Das Leben kann manchmal hässlich sein, aber es ist auch voll von Schönheit. Und wenn wir zu sehr damit beschäftigt sind, uns selbst zu hassen oder uns über Dinge aufzuregen, die wir nicht kontrollieren können,

dann verpassen wir die wunderbaren, freudigen Erfahrungen, die wir machen können.

Ändere deine Einstellung zum Leben in eine positive. Liebe dich selbst, liebe andere, und suche die glücklichen Momente.

Um sich selbst noch mehr Glück zu bringen, arbeite daran:

- Verändere deine Einstellung.
- Feier deine Stärken.
- Liebe deine Energie.
- Liebe deine Beharrlichkeit.
- Und liebe dich selbst, Punkt.

Es gibt ein ganzes, großes, wundervolles Leben da draußen für dich. Aber es liegt an dir, es zu ergreifen. Und alles, was du brauchst, bist du selbst.

Bonus-Inhalt
UNSERE GESCHENKE FÜR DICH

Abonniere unseren Newsletter und erhalte diese kostenlosen Materialien:

www.specialartbooks.com/free-materials/

Folge uns auf:

Instagram: @specialart_books
Facebook-Seite: Special Art Books
Website: www.specialartbooks.com

Impressum

Für Fragen, Feedback und Anregungen:

support@specialartbooks.com

Nina Madsen, Special Art
Copyright © 2024
www.specialartbooks.com

Bilder von © Shutterstock